HENRI-GABRIEL-BONAVENTURE

BOUVENOT,

Originaire d'Arbois, Lieutenant de Gendarmerie nationale, de résidence à Quingey,

AUX CITOYENS JUGES

Et à l'Accusateur public du Tribunal révolutionnaire séant à Paris.

Depuis environ cinq mois je suis détenu dans les prisons soit de Quingey soit de Paris, comme prévenu de propos contraires à la sureté de l'Etat, et tendants à rompre l'unité et l'indivisibilité de la République. Mes réponses aux interrogations qui m'ont été faites à Quingey par le Juge-de-paix, et au Tribunal révolutionnaire, sont exactement vraies, et par conséquent les chefs d'accusation intentés contre moi sont faux, et ont été dictés par l'esprit de haine, d'aristocratie et de fanatisme. Ma conduite, dès l'époque de la Révolution jusqu'à ma détention, et les circonstances qui ont fait naître les inculpations qui m'enveloppent en ce moment de l'apparence du crime vont le démontrer jusqu'à l'évidence.

Je suis entré à seize ans dans le service de ligne comme simple soldat : presque sans fortune, et né dans cette classe dont on ne favorisoit jamais l'avancement, j'ai servi dix-sept ans dont huit en qualité de sous-officier dans le régiment de dragons ci-devant Languedoc ; mais dégoûté par les actes d'injustice et de despotisme que je voyois s'exercer continuellement, et dont moi-même j'ai quelquefois été la victime, je contractai mariage, je me retirai du service avec des témoignages honorables, et vins me fixer au sein de ma famille. Presque aussitôt la Révolution française parut, je m'y livrai avec le zèle d'un homme révolté des abus de l'ancien régime ; les connoissances que j'avois acquises pour le maniement des armes et les évolutions militaires me servirent à former les gardes nationales de la ville d'Arbois et des communes voisines. Je leur consacrai tout mon temps ; je fus non-seulement leur instituteur dans l'art militaire, mais encore le prédicateur des avantages sans nombre que le peuple français devoit retirer des principes constitutionnels. J'excitai leur zèle, j'enflammai leur courage, et les disposai à s'enrôler gaiement sous les drapeaux de la patrie. Lorsque la loi pour l'organisation de la Gendarmerie nationale fut publiée, les Administrateurs du département du Doubs, instruits de ma conduite constatée par d'excellents certificats, ainsi que des années de mon service dans la troupe de ligne, me nommèrent à une place de Lieutenant, m'assignèrent Quingey pour résidence ; et plusieurs de ceux qui composoient alors le Directoire du département, et dont j'obtins les suffrages, sont à-présent députés à la Convention, et ne craignent pas de me rendre le témoignage, si flatteur pour moi, que mon civisme et mon républicanisme n'ont jamais varié.

Cependant on m'accuse aujourd'hui de propos graves, de propositions révoltantes, atroces même. On veut que j'aye conçu l'infame projet de fédéraliser le district de Quingey, et que, dans la société populaire dudit lieu, j'aye invité le peuple à marcher sur Paris et sur la Convention, sous prétexte qu'elle s'étoit avilie dans les journées du 31 mai et jours suivants. Des témoins sont entendus, ils déposent froidement ces calomnies abominables, et méditent ainsi le supplice et l'opprobre de l'homme juste et du républicain le plus franc et le plus zélé ; mais quand m'accuse-t-on ? trois mois après l'époque des discours que l'on prétend que j'ai tenus. Pourquoi m'accuse-t-on ? Pour m'être rendu l'objet de l'exécration de tout Quingey, en remplissant avec fermeté les devoirs de mon état, en protégeant la personne de François Lacombe, curé dudit Quingey, qui, à cette époque, a contracté mariage avec la citoyenne Petitot. En bravant avec courage les menaces et les injures de tout un peuple transporté d'une fureur fanatique contre son curé, et en écartant, le sabre à la main, aidé des seuls gendarmes que je commandois, une cohue de femmes, de filles et de jeunes garçons attroupés pour l'insulter ; pour avoir donné asile dans la maison que j'habitois à la citoyenne Petitot qui fut chassée de la maison paternelle dès que son projet de mariage fut connu de sa mère. Enfin, tel étoit le fanatisme de Quingey que le citoyen Jouffroy, membre du Conseil général de cette commune, et chargé de recevoir les mariages, fut insulté de la maniere la la plus outrageante, pour avoir publié et affiché, selon la loi, les bans du curé. Dans la nuit qui suivit cette publication, une prodigieuse quantité d'excréments et d'ordures souilla sa porte et les volets de sa boutique, et lui fit éprouver une perte de quatre ou cinq cents livres sur ses marchandises. En vain des commissaires furent envoyés pour informer sur de pareils excès, tout étoit tellement d'accord qu'il fut impossible de rien découvrir. Le département fut obligé d'envoyer une force armée dans cette Commune pour y rétablir l'ordre et le calme. Pendant tout ce désordre la Municipalité se tint à l'écart, sans requérir la force publique, et applaudissoit secrétement à l'émeute, tout en feignant de la désapprouver.

Voilà une des principales sources de cette haine implacable jurée contre François Lacombe, curé de Quingey et moi, tous deux étrangers dans cette commune. Dès-lors tout parut légitime pour nous perdre: on cherche de toutes parts des témoins, on leur rappelle quelques propos soit-disant tenus lors du 31 mai et jours suivants. L'esprit de fureur et de fanatisme dicte les dépositions : la méchanceté les envenime et leur prête les couleurs les plus noires : heureusement pour nous, l'expérience et plus encore les circonstances apprennent quelle foi on peut ajouter à des inculpations faites par des citoyens démontrés fanatiques, et rebelles aux saintes loix qui habilitent tout individu à contracter mariage.

Car, je demande aux témoins, si le desir du bien public les a guidés dans leurs dépositions, pourquoi ne pas me dénoncer à l'instant même comme l'ennemi de mon pays, et comme un traître à punir promptement? Pourquoi ne le faire que trois mois après, et dans des circonstances où les devoirs de mon état m'obligent de m'élever contre toute une commune, pour y procurer l'exécution des loix, et à protéger les personnes des contractants? On ne peut donc douter que le mariage du curé ne soit la véritable cause de ces odieuses accusations; et si les témoins avoient déposé la vérité, il est incontestable qu'ils se seroient rendus, par leur négligence et leur retard, plus coupables et plus contre-révolutionnaires que moi.

Je pourrois ajouter que des haines particulières, résultat des dénonciations très-graves que j'ai faites au département du Doubs, contre l'aristocrate riche ou en place, mais infiniment au-dessous des fonctions qui lui étoient confiées, par une conduite plus qu'équivoque, n'ont pas peu influé sur les calomnies dont je suis aujourd'hui la victime; mais je préfère de déduire, pour faire briller mon innocence, les faits qui la démontrent, et ce trait de générosité devroit faire rougir mes accusateurs.

Le 22 juillet dernier, les citoyens Bassal et Garnier, représentants du peuple près les départements du Doubs, de l'Ain, du Jura et de la Haute-Saône, sur le témoignage qui leur avoit été rendu de mon civisme, me proposèrent de porter à Lons-le-Sannier, chef-lieu du département du Jura, des ordres de la Convention nationale, et sans m'expliquer quels étoient ces ordres, me laissèrent appercevoir qu'ils étoient rigoureux, et demandoient du zèle et de l'activité; j'acceptai avec empressement et sans crainte; on m'associa, dans cette mission, le citoyen Thiéri, lieutenant de la gendarmerie nationale de Besançon, et nous partimes en poste pour nous rendre à Lons-le-Saunier; nous déposames nos dépêches, qui avoient pour objet de faire arrêter quelques membres du département et de les traduire à la barre de la convention, entre les mains des autorités constituées à qui elles étoient adressées; mais les ordres de la convention furent méconnus et ne furent point exécutés; cette résistance ne nous empêcha pas de nous expliquer avec la franchise et la liberté de vrais républicains; nous retournames à Dole, où nous devions trouver le citoyen Garnier, pour lui rendre compte des ordres qu'il nous avoit confiés; ce représentant du peuple fut si content du courage et de la célérité que nous avions mis à obéir, qu'il nous dit que la convention nationale seroit instruite de notre zèle, mais je repondis que je n'aspirois à d'autres récompenses qu'à l'honneur de servir ma patrie.

De plus, les deux sections d'Arbois, la société populaire et républicaine de cette ville, ainsi que les communes de Vadans et de Mesnay, très-voisines d'Arbois, instruites autant que surprises de ma détention et des accusations lancées contre moi, se sont hâtées de m'envoyer des attestations unanimes d'un civisme invariable; que même, depuis la révolution du 31 mai, lorsque mes affaires me ramenoient dans leur sein, je n'avois jamais professé d'autres principes que ceux de la Montagne, que je cherchois à rallier autour d'elle tous les citoyens, et que j'avois hautement blâmé la résistance des membres du département, qui avoient été mandés pour se rendre à la barre de la Convention nationale.

Les communes voisines de Quingey me rendent la même justice, et attestent que les motifs de la haine que me portent les habitants de cette ville, sont le zèle que j'ai montré à former l'esprit public, et à combattre par-tout l'aristocratie et le fanatisme.

Comment donc allier les accusations intentées contre moi, avec des faits si positifs et si démonstratifs de mon opinion politique. Si j'avois prêché le fédéralisme à Quingey, me serois-je chargé avec plaisir de faire arrêter les principaux fédéralistes du Jura ? si j'avois embrassé les principes de ce département, aurois-je censuré publiquement les fausses démarches de son administration, et la résistance de quelques-uns de ses membres ? des communes entières et des sociétés populaires me rendroient-elles aujourd'hui le témoignage éclatant de mon dévouement à la Montagne ? voudroient-elles partager mon crime et encourir l'indignation publique, en attestant des sentimens qui ne m'auroient jamais animés ; non sans doute, elles n'ont point d'intérêt à trahir la vérité : donc leurs témoignages sont irrécusables.

Il n'en est pas de même de la commune de Quingey ; mon patriotisme actif et vigilant, mes dénonciations contre l'aristocrate riche, dont j'ai méprisé la table et les caresses, mon courage à braver le fanatisme, et la protection que j'ai accordée au curé et à son épouse, lors de son mariage, m'ont fait, de presque tous les citoyens qui la composent, des ennemis irréconciliables qui ont juré ma perte. Lorsque l'assemblée départementale de Doubs fut convoquée, vers le milieu de juin dernier, je fus député du district pour m'y rendre, j'en signai le résultat qui fut adopté à la presque unanimité, et parce que je n'y apperçus rien qui pût être ou liberticide ou contraire à l'unité ou à l'indivisibilité de la république, les principes du Jura y furent repoussés de toutes voix, et même avec une espèce d'horreur. De retour à Quingey, je rendis compte de ce qui s'étoit fait à l'assemblée, et j'en parlai comme j'étois affecté, c'est-à-dire, plutôt en militaire franc qu'en politique raffiné. Mais dès que je crus que l'arrêté du département pouvoit être envisagé comme dangereux, je me hâtai de me rétracter, et sans doute, on ne peut encore suspecter à cet égard la pureté de mes intentions, puisque j'ignorois ce que l'on tramoit pour ma perte, et que la procédure criminelle ne fut instruite que plus de huit jours après. Si la passion eût moins dirigé mes accusateurs, ils m'auroient rendu la justice qu'aucun motif d'intérêt ou de crainte n'avoit dicté ma retractation, mais seulement le desir de contribuer de tout mon pouvoir à resserrer les saints nœuds qui doivent unir tous les Français à la Convention centre de l'unité.

Je viens d'établir les faits dans la plus exacte vérité, le tribunal juste, clairvoyant et impartial, prononcera sur mon sort; quelle que soit sa décision, je l'attends avec calme et confiance.

Je ne parle point ici de mes sacrifices pécuniaires, ils ont été au-dessus de ma petite fortune; mais infiniment au-dessous de mes vœux. J'ai déja versé des larmes amères, de n'avoir pu obtenir, des officiers supérieurs de la Gendarmerie, d'aller sur les frontières combattre les ennemis de la République. Si, comme je l'espère, citoyens juges, vous faites triompher mon innocence, vous ne pouvez mieux me consoler de mes malheurs, qu'en me fournissant l'occasion de verser tout mon sang pour mon pays. Je suis père de quatre enfants très-jeunes encore; ils apprendront, à mon exemple, à aimer, à servir la patrie, et à mourir pour elle. Si au contraire, l'imposture et la haine consomment ma perte, je porterai sur l'échafaud un front qui n'aura point à rougir, et mon dernier soupir sera encore pour la prospérité et l'indivisibilité de la république.

Signé, HENRI-GABRIEL-BONAVENTURE BOUVENOT.

www.ingramcontent.com/pod-product-compliance
Lightning Source LLC
Chambersburg PA
CBHW061959070426
42450CB00009BB/2104